AF257799

ORAISON FVNEBRE

SVR LE TRESPAS, ET A LA LOVANGE DE L'ILLVS-TRISSIME CARDINAL DE

Gramuelle, Archeuesque de Besançon,
& Conseiller de sa Majesté
Catholique,

Faite premierement en Latin, par Iean Baptiste Sacco,
& mise en François: par Benoist du Troncy, Contrerolleur du Domaine du Roy., & Secretaire de la
Ville de Lyon.

AVEC

Les Epitaphes & regrets de Pierre Matthieu
Docteur aux Loix.

DEDIEZ

A Monseigneur le Comte de Cantacroix, Cheualier
de l'ordre d'Alcantara.

M. D. LXXXVII.

Illustrissimo & Clarissimo Comiti
Cantacrucio Equiti regio.

Stirpis Augusta generosa proles,
Dum fera Mortis celeres sagittas
Arguis, nostris elegis feracem,
Rumpe dolorem.

SIC VISVM SVPERIS.

AV SEIGNEVR MATTHIEV
BALBANI GENTILHOMME
Lucquoys, Benoist du Troncy,
desire Salut.

E n'est pas chose nouuelle
mais qui a esté en vsage en
tout temps, mesme en l'Eglise primitiue, comme aussi
estant le Christianisme par-
uenu au comble de sa grandeur, & non seulement aussi entre les Chrestiens mais entre
les Barbares & Payens, Que les hommes il-
lustres ont esté louangez en public, apres leur
mort. Cette coustume toutesfois à commen-
cé peu à peu a se perdre en quelques endroits
de la Chrestienté, notamment en Espaigne,
tesmoing l'oraison Funebre que le sieur
Ieã Baptiste Sacco, se preparoit de faire aux
obseques, du feu Cardinal de Granuelle, decedé à Madrich, le 21. de Septembre 1586.
Laquelle (pour n'estre la coustume du lieu)
il ne prononça, mais la laissee par escript: &
comme vous auez tousiours esté curieux de
choses nouuelles & rares, vous auez trouué

A 2 moyen

moyen de la recouurer & de m'en faire part
& l'ayant iugee digne d'estre veuë de plusieurs, aux fins d'inciter vn chascun, mesmes
ceux qui sont appellez aux grandeurs, & di
gnitez, de tellement composer leur vie & a-
ctiõs apres leur deces, qu'on en face vne loua
ble memoire, desirant aussi satisfaire a vostre desir, ie l'ay renduë Françoise du Latin.
Bien est il vray que ie n'approcheray que de
bien loing les traictz du bien dire de l'au-
theur, ne la rendant en si bons termes François qu'est la frase Làtine. Mais l'asseurance
que i'ay que vous l'aurez autant aggreable
que si vn Ronsard resuscité, vn Desportes, vn
Baïf, ou bien vn Bartas, vn Tamisier, ou vn
Iodelle, luy auoient faict c'est honneur que
d'en illustrer leurs œuures Poëtiques, Ie m'en
hardiray de la vous presenter, au public
soubs vostre faueur. Priant Dieu tresbon &
tressainct vous conseruer en tout bon heur
& felicité.   De Lyon, Ce premier iour de
Ianuier 1587.

Oraison

ORAISON FVNEBRE

Faicte & non prononcee par Iean Baptiste
Sacco, à la louange du feu Cardinal de
Granuelle, faicte Françoise du Latin, Par
Benoist du Troncy, Contrerolleur du
Domaine du Roy, & Secretaire de la ville
de Lyon.

E n'estime pas ce-
luy estre hôme mor-
tel, mais plustost an-
ge de Dieu, enuoyé
du ciel, qui en l'as-
semblee de tant illu-
stres seigneurs de tãt
reuerends peres, &
de tant pieux person-
nages, hardimēt & sans larmes pourra dignement & en peu de parolles, dire les louanges du tresgrand Cardinal Anthoine Perrenot ce iourd'huy par la bonté de Dieu trans-
feré aux cieux, car (mon Dieu) qui ne pleure-
ra la mort de celuy, que (viuant) vous auez tãt
aymé, & apres son deces regretté? Qui est celuy qui mesmes au seul aspect de son corps

A 3   mort

mort (encores venerable) ne fonde en larmes
& ait frayeur ? Qui est l'œil qui aux faicts &
actes miraculeux & heroïques de ce grand
personnaige, comme aux rayons du Soleil en
plain midy, ne clignotte & ne soit esblouy ?
Mais qui est celuy entre les mortels qui n'au-
ra craincte de l'assemblee de tãt & tant grãds
Princes excellens en vertus, en noblesse & authorité : que di-ie assemblee, mais plustost de
la tresample veuë & spectacle de toute la chre
stienté ? Car la fleur de toute l'Espaigne, &
les treslöüables & tres-vertueux Ambassa-
deurs de toutes les prouïces de la chrestiẽté,
pour pieté sont icy assemblez. Quelcun peut,
estre me dira, es tu doncques cettuy là qui
esperes de faire dignement vne si grãde charge ? Nullement certes, Tant parce q̃ ie ne sçay
biẽ dire q̃ parce aussi qu'en ce dueil cõmun, ie
suis en mõ particulier grãdemẽt cõtristé, mais
puis q̃ ie n'ay peu plustost refuser cette charge
q̃ la desirer, d'autãt qu'elle m'estoit cõmãdee
par ceux, a l'authorité & commandement desquels i'estime offense & peché de n'obeyr : ie
suis venu icy non pour declamer, comme le
lieu & la dignité de la matiere, le requiert,
mais pour parler tellement quellement, selon
la petitesse & portee de mon esprit : toutesfois
trois difficultez me sont presentees, entrepre-
nant cette charge, à chascune desquelles aussi
ie prepare vn remede : la premiere mõ propre
& particulier dueil, que ie mettray peine de

trom

tromper destournant le plus que ie pourray
ma pesee du decedé, comme si ie parlois d'vn
qui est viuant: la grandeur de cette assemblee
à laquelle ie n'auray pas tant de respect que a
vostre singuliere & merueilleuse humanité &
à la grauité & grandeur du subiect, que ie
passeray briefuement & sommairement: com
me scachant bien que l'on ne scauroit rien dire des louanges de ce tant grand personnage,
qui ne vous soit desia assez cogneu. Que vostre humanité doncques (ô tresnobles Seigneurs) me permette ce-pendant que vous pre
nez la peine de m'escouter, que ie m'ayde tat
peu soit en cette chose (combien que dissem-
blable) de la coustume que i'ay apprinse de
voz eschansons & escuiers de cuisine, assauoir
que tout ainsi qu'eux ont accoustumé de gou
ster premierement & faire l'essay des viandes,
& des vins, qui vous sont presentez, tout de
mesmes, comme si vous estiez assis a table, ie
vous face seulement vn petit essay des louanges d'Anthoine Perrenot. Mais aussi que
vous autres (tresnobles Seigneurs) qui estes
en ce banquet, les preniez, tranchiez, & re-
cepuiez, comme viandes exquises c'est a dire
pesez & consideréz les plus diligemment en
voz esprits, comme pensans & faisans estat
qu'elles font principalement pour appaiser
vostre dueil, esleuer voz pensees & fortifier
voz cœurs. I'ai il qui prenne plaisir de se souue
nir de l'enfance d'Anthoine Perrenot, comme

me de rechercher l'origine & les fondemens
d'vne tresancienne & tresnoble cité? Que celuy la se souuienne qu'il nasquit heureusemét
a Besançon le vingtiesme d'Aoust 1517. de
Nicolas Perrenot & Nicole Bonvalat ma-
ry, & femme, tresnobles en toute la Bourgoi-
gne, aupres desquels l'enfant fut esleué des la
tetine a la vertu: en sorte q̃ tresasseurez signes
d'vne certaine diuine & bóne nature estoient
comme veu reluire en ce tédre & petit corps,
I a il quelqu'vn qui prenne plaisir en la memoire de son enfance comme en l'esperance
d'auoir de bons fruicts d'vn ieusne arbre, flo-
rissant nouuellement enté? Que cettuy la sça-
che q̃ en toutes les plus fameuses vniuersitez
de la Chrestiété il a fait le cours de ses estudes
en toutes sciences & en si peu de temps qu'il
y en a qui consumeroient en chascune d'icelles toute leur vie: y a il qui veule considerer
son adolescence & comme d'vn arbre long
téps a enté prédre les premiers fruictz? Que
cettuy cy pése en soy-mesme que en diuerses
sciéces il a receu de treshónestes tiltres d'hó-
neur, tellement que n'ayant seulement attaint
le vingt deuxiesme an de son aage, il fut pourueu de la dignité episcopale de la cité d'Arras,
depuis lequel temps il cómença de faire les
charges & functions de son tresbón pere qui
estoit le seul gond de tous les conseils du tres-
Auguste Empereur des Romains Charles cinquiesme & luy aussi estát faict cóseiller d'estat

                           & re

& receu entre les esleuz de l'Empire il ac-
compagna l'Empereur en toute ses expedi-
tions comme s'il eust esté son page, esquelles
pour presage de bon heur il changea plus d'v-
ne fois (& non messeamment certes, mais bien
a propos) sa mytre, son rocquet, sa crosse, son
breuiaire, a vn morrió, a vn corps de cuirasse a
vne espee & a vn bouclier. Que s'il y a quelcũ
qui vueille gouster vn plus doux fruict de ses
actiós lors qu'il fut paruenu a plus grãde ma-
turité d'aage, qu'il se souuienne de tant & si
grandes functiós & charges qu'il a executees,
tantost par le commandemēt de l'Empereur,
maintenant du Roy Philippes, & tantost par
celuy des souuerains Papes, qu'il ait memoire qu'il a reconcilié par plusieurs fois les Rois
Chrestiens, par vne paix iuree & cõfirmee par
mariages qu'il a reuny les peuples diuisez,
amorty & pacifié les seditions, reprimé &
estainct les tumultes & gouuerné les republi-
ques: & luy estans assemblees & accrues charges hónorables en si grand nombre que pres-
que maugré luy il les acceptoit.   Le vingt si-
xiesme de feburier de l'an a la Natiuité nostre
Seigneur mil cinq cens soixante vn, sans qu'il
en feit certes aucune brigue n'y poursuitte,
mais par les suffrages de tous & quasi le ciel
l'applaudissant il fut aggregé par le Pape Pie
quatriesme, au Sacre sainct college des Car-
dinaux. O bon Dieu quel grand subiect i'au-
rois de rester si des choses susdictes ie voulois

B　　　particu-

particulierement discourir, d'autant qu'elles
sont telles que de chacune d'icelles l'on pourroit pluftoft faire vne hiftoire entiere que de
les comprendre breuement en vne oraison:
Mais s'il y a qui vueille venir à son viel aage,
lequel certes il n'a point passé en oysiueté,
comme (non auec deshonneur) certes plusieurs font apres beaucoup de trauaux & la-
beurs, mais comme le vin se fortifiant auec le
temps, deuient de iour en iour plus aigre, il a
de fois à autres faict de nouuelles charges,
tantoft demourant à Rome, tantoft eftant au
Royaume de Naples, comme gouuerneur, &
de la retourné à Rome. Peu de mois apres il
fut appellé pour venir en Efpaigne, ou il n'y a
celuy tant ftupide qui ne fçache, ny tant malin
qui ne confeffe de combien il a feruy au Roy
Philippe.   Car ie diray ouuertement en vos
prefences (trefchers feigneurs) ce que i'en pẽ-
fe, ne doubtant point que vous ne fauorifiez
pluftoft à mes parolles que vous n'y porterez
enuie : comme recherchans le tefmoignage
de la vraye loüange en illuftrant la vertu propre & particuliere, & ne diffimulant point cel-
le d'autruy. L'Empereur Charles, & le Roy
Philippes, auffi n'ont iamais eu homme qui
enfemblement ayt eu plus de prudence & plus
d'experience es affaires, qu'Anthoine Perrenot, & parce à leur plus grand befoing & aux
plus vrgentes affaires recourroyent-ils à
fon confeil, comme à vn ancré facré &
dernier refuge : auffi *l'auoit il libre*,

prompt & tres-asseuré , tellement que le
plus souuent l'on s'est mal trouué de ne l'a-
uoir prins ou de l'auoir negligé, ou bien d'en
auoir differé l'execution. Or n'a il iamais rien
eu de plus recommandable en donnant côseil,
que le soucy de conseruer & accroistre la reli-
gion Chrestienne , pour laquelle il estimoit
qu'il ne failloit rien craindre d'entreprendre,
non pas mesmes d'offencer les grands, d'en-
courir leur hayne, ny le peril de la propre vie.
Vous auez entendu (Seigneurs tresdebonnai-
res) combien grandes choses i'ay breuement,
estroictement & maigrement traicté , mais
souuenez vous que ie n'ay faict qu'abreger les
sommaires, ou pour mieux dire , que ie ne les
vous ay que raméteuz, comme vous estans assez cogneuz de peur que m'y arrestant plus lô
guemét, & q̃ ie ne vous apporte ennuy, & que
ie ne sois veu polluer & contamnier choses si
grandes. Au reste quels peuples, qu'elle natiô
tant loingtaine soit-elle , pourroit estre trou-
uee en toute la Chrestienté que ce tresprudét
& treslaborieux personnage par son conseil,
par son industrie & par ses moyens n'ait secou
rue: dictes moy vous autres tresexcellens Am-
bassadeurs des Princes Chrestiens, qui main-
tesfois luy auez porté & communiqué vos
charges & commiffions , comme au lieute-
nant general du Roy Philippes, combien de
fois l'auez vous veu en cholere & se despiter
de ce que les trespernicieux ennemis du nom

B 2   Chrestien,

Chrestien, nous trompent tant souuent, plus
par le moyẽ de noz discordes & simultez, que
par leurs propres forces. Que si les Princes
Chrestiens eussent suiuy son seul conseil il se
promettoit que bien tost l'on r'emporteroit
la triõphante victoire auec depoüille de l'en-
nemy trescruel, les Indes certes (encores que
treseloignees) & toutes les Isles que la Mer
Occeane enuironné deburoient beaucoup à
Anthoine Perrenot, si l'on eut suiuy son conseil de mettre yne armee sur Mer au tẽps qu'il
falloit, car se tressage personnage à tousiours
esté en ceste opinion (que l'on dit auoir esté
aggreable a Themistocles) Que le Prince qui
veut seurement commander en la terre doibt
commander aussi a la Mer. C'est homme donques estant nay pour la communé vtilité de
tous, auoit opinion que cestuy la ne viuoit
point qui ne viuoit que pour soy-mesme : &
quant a luy il ne se souhaitoit longue vie, sinõ
que entant qu'il prouffiteroit aux autres : car
comme il auoit l'esprit tresaigu & subtil il en-
tendoit tresbien que ceux la approchoient
plus pres de la diuinité qui non seulemẽt s'ad-
donnerorent a la cõtemplation des choses dignes d'estre cogneues, mais qui s'occuperoiẽt
aussi a prouffiter a plusieurs. O la belle & desi-
rable vie laquelle a la verité, doibt seruir de
Patron, vie qui se deburoit, (s'il se pouuoit fai
re) rachepter de la vie de tous, vie digne d'im-
mortalité & qui desia est immortalisee,
laquelle

laquelle toutesfois le trespieux Prelat eust
mieux aymé finir autrement si le Roy Philippes (l'authorité duquel luy a tousiours seruy
de puissance, la volóté de loy & le vouloir de
commandement) n'y eust resisté: car vous sça-
uez qu'il y a enuiron trois ans que a la priere
de plusieurs exhortation de nostre Roy & a la
parfin par le commandemeut du Pape il auoit
esté pourueu de l'Euesché de Besançon, vac-
cant par le deces du Cardinal de la baulme: ce
tresbon Pasteur desiroit prendre finablemét
quelque repos & se distraire de tant & de si
grandes solicitudes des choses de ce monde,
pour employer sa vieillesse ia languissante au
seruice d'vn Dieu seul, & de sa patrie: c'est à dire, du troupeau a luy diuinement cómis, mais
le Roy catholique a faict demóstration qu'il
ne consentoit pas librement a l'intention du
veillard, estimant qu'il ne seroit moins aggreable a Dieu, & nón moins vtile & prouffi-
table a la republicque Chrestienne, en ce païs
que en só Eglise, & le veillard (enuers lequel)
selon l'Euangile, l'obeissance estoit plus gran
de q̃ le sacrifice, a voulu obeir iusques au dernier souspir au Roy tresinste, duquel il auoit
reçeu de tresgrands biens. Or il est temps que
l'on apporte la desserte a ceste table, car ie
voy que vous auez en partie reçeu les viandes
qui vous out esté apposees & remis l'autre
partie a vn autre temps pour plus commode-
ment les gouster petit à petit & les digerer &

B   3

conuertir

couertir en substance pour l'esperace que i'ay
que ce banquet durera enuers vous eternelle-
ment. Considerons donques s'il vous plaist la
vie interieure de ce sainct personnage & au
lieu de desserte disons quelque chose de sa stature, de son inclination, de ses mœurs & façon
de viure, & de son esprit. Car combien que les
choses que nous auons a dire soient beaucoup
moindres que ce que nous en auons dit, si est
ce toutesfois que nous estimons qu'elles se-
ront aggreables comme n'estans parauenture
par trop vulgaires & qui recherchet (comme
l'o dit) son homme dehors & dedans: il a esté
comme vous auez veu fort beau & peu s'en
faut que ie ne disse excellent en beauté d'yne
stature droicte & grande, de couleur nette, re-
splendissate & tresaggreable: & tout le temps
de son aage, assauoir en son enfance en la pu-
berté, adolescence, virilite & vieillesse d'vne
telle & si grande beauté, que ie croy qu'il n'y
a eu homme iusques au iourd'huy duquel le
pourtraict ait esté si curieusement & comme
à l'enuy tiré au vif par tant d'ouuriers & si sou
uent en peincture, en graueure, en plastre ou
en toute sorte de fonte que le sien. Il se trouue
vn nombre infiny de monnoyes representant
son effigie auec ceste demise tres-subtile du
tout digne de l'esprit du personnage en laquelle est empraincte vne nauire agitee sur
inet auec ce mot, D. v. m. : Il n'y a homme tant
haut esleu n'y aurre tant humble & si abiect
auss

auſſi qui ne ſe glorifie d'auoir en ſa maiſon vn
de ſes pourtraicts ou ſtatues faictes au vif. Si
eſt ce toutesfois qu'il n'a iamais eſté veu plus
beau, ny plus magnifique, que lors que cóme
en pompe il coſtoyoit a la gauche le Roy Phi
lippes cheuauchant par ville, reſſemblant vn
autre Epheſtion aupres Alexandre: Il a eſté
fort ſain & robuſte, tellement qu'il eſt paruc-
nu a l'extremité de la vieilleſſe, exēpt de gout-
tes, de grauelle, de difficulté d'vrine , d'hernie
ou rompure, & de toutes telles maladies auſ-
quelles c'eſt aage eſt ſubiect:& tout cecy premierement par vn benefice de nature , mais
apres par vne certàine reigle de viure treſmo-
deree, de laquelle il à touſiours vſé, & outre ce
par la cognoiſſance & ſciéce de beaucoup de
remedes, par leſquels il pouruoioit ou chaſſoit
les malades: car eſtant d'eſprit treſaigu il cognoiſſoit & auoit l'vſage (non autrement que
le meſme Alexandre, ou Methridates) de pluſieurs medicamens & la vertu de pluſieurs her
bes & plantes, auec la proprieté naturelle de
pluſieurs animaux, d'où par vne ſcience haute
& ſublime il tiroit vne certaine ſecrette ſubſtā
ce, ou pluſtoſt quinte eſſence de tous les ele-
mens qui ſeruoient de própte medecine aux
maladies: & tous ces remedes icy ont touſiours eſté cómūs a luy & a ceux de ſa cognoiſ
ſáce, & a ceux qu'il ne cognoiſſoit point auſſi.
Il ſe delectoit pareillemēt (cóme ce treſcele-
bre & renómé Roy des Perſes Cyrus) a ſemer
des

tous les ef-
fors & violé
ces des vēts,
& y reſiſte,
ainſi luy ſe
prepare de
ſouffrir & re
ſiſter aux
plus grādes
tempeſtes
de ce mon-
de & acci-
dens de for-
tune.

des graines & enter des arbres, il ne cheriſſoit
moins les ouuriers, ſi aucuns il en cognoiſſoit
excellens en quelque art, que les gens de lettres (deſquels il eſtoit fort grand amateur)
comme n'eſtant iuge impertinēt de leurs ou-
urages, ny ignorant des arts: & parce aymoit
il, & faiſoit des dons aux excellens peintres,
architectes, graueurs, brodeurs, & autres arti-
ſans qui s'aident de menus & ſubtils outils,
comme horlogeurs, & leurs ſemblables. Il eſ-
galloit auſſi en la cognoiſſance des langues le
meſme Methridates (duquel nous auons n'a-
gueres parlé) car outre ſa langue maternelle
qui eſtoit la Françoiſe, & outre auſſi la Latine
& la Grecque : leſquelles en ſa ieuneſſe il
auoit apprinſes aux eſcolles, il ſçauoit tresbiē
l'Italienne, l'Eſpaignolle, la Flamande, & l'Al-
lemande, on recepuoit grand prouffit & vtilité d'eſtre à ſon diſner (car il n'auoit point
accouſtumé de ſoupper) d'autant qu'il auoit
ordinairement & de fois à autres de nouueaux
hoſtes, meſmes eſtrangiers doctes en diuerſes
ſciences: Auec chaſcun deſquels il diſcouroit
en leur propre langue, d'vne telle faconde, &
ſi proprement que l'on euſt dict qu'il n'euſt
pas ſeulement eſté comme paſſagier en leurs
pays, mais qu'il y euſt eſté nourry auec eux.
Nous autres qui aſſiſtions à ſon manger eſtiós
prins & affriandez de ſes diſcours, non autrement que les enfans de petits paſtez ou crou-
ſtellettes : car il vſoit ſouuent de ſentences,
plai

de prouerbes cõmũs, dè mots de rēcõtre,plai
fanś & facetieux:fon parler eftoit cõme celuy
q̃ Cicero dit de Cefar, affauoir magnificque:
fplẽdide,genereux. Il efcripuoit auffi en diuer
fes langues & dictoit autãt de lettres,tellemēt
qu'a grand peine fept Secretaires pouuoient
fuffire pous les reçeuoir,tranfcripre & enregi-
ftrer:outre celles qu'il efcripuoit defa propre,
main qui eftoient en fi grãd nombre qu'il n'y
auoit efcripuain tant vifte fut il & habile de la
main qu'elles n'euffent laffé. Il à eu vne trefaf-
feuree & perpetuelle memoire, en forte qu'il
rapportoit toutes telles hiftoires & anciens
exemples qu'on euft voulu,auec telle memoire & en fi bons termes,que fembloit qu'il les
l'euft en vn liure & noń pas qu'il les dict par
cœur.Il auoit l'efprit vehement & fubtil & vn
peu certés prompt a courroux, mais en telle
forte qu'il eftoit pluftoft appaifé qu'il ne s'e-
ftoit courroucé.Il a fi bien entremeflé la grauité auec l'honnefte ciuilité que l'on n'euft
fçeu dire de laquelle des deuxil tenoit le plus,
ou de la grauité ou de l'humanité & courtoi-
fie.Il eftoit homme ouuert,debõnaire, facile
à octroyer ce dont il eftoit requis,acceffible a
vn chafcun,nullemcnt fardé, n'y flàteur , fou-
uent en affaires & bien peu en repos, ne demã
doit rié pour foy ny pour les fiens à perfonne,
mais fifaifoit biē,encores que a fes inferieurs,
pour autruy , grand obferuateur du droict
& de l'equité , terrible & formidable aux mef

C   chans

chans, mais doux & amiable aux gens de bien, cont emptcur des richesses & des tiltres d'hô-neurs, & des louanges qui n'estoyent point ac-quises par la vertu a laquelle seule il s'addon-noit & l'admiroit. Il n'esparghoit point son bien, mais au contraire il vouloit qu'il fut espâ-du en sorte que ce fut pour la commodité des siens & a sa reputatió aussi. Que diray ie main-tenant de la pieté de ce tressainct personnage, qui a esté si grâde qu'a peine se trouuera il qui en vne oraison la puisse expliquer? Icy dere-chef il me faudroit verser l'Orloge*d'eau (pe-res treshónorables) si ie voulois raméteuoir sa liberalité enuers les pauures, só secours enuers les affligez & sa misericorde enuers ceux qui auoiét perdu toute esperance. Il assistoit tous les iours au diuin seruice & le plus souét y of-ficioit: ne reçeuoit pas ordinairement tou-tesfois la saincte Eucharistie parce qu'il esti-moit que ce ne debuoit estre que tresreuerem-ment & d'vn esprit rassis, vuyde & esloigné de tous autres soucis & solicitudes, il visitoit to[us] les temples, tous les hospitaux & tous les mo-nasteres & les secouroit de ses aumosnes, prin-cipalement la sepmaine saincte qui est le téps auquel l'Eglise nous rememore la passion & sepulture du Seigneur, auquel temps il alloit veoir de nuict & a pied beaucoup d'Eglises, pour adorer le tressacré corps de nostre Sei-gneur, qui estoit solennellement exposé en icelles. D'auantage il obseruoit les Ieusnes com-

commandez par l'Eglise d'vn si grand scrupu-
le de côscience,qu'il est tout notoire que l'oc-
casion de sa mort en est prouenue:car estant
septuagenaire & voulant faire le caresme de
ceste annee auec toute telle rigueur & seueri-
té qu'il auoit accoustumé au parauant,ne s'ab-
stenant pas seulement de toutes viandes bien
assaisônees,mais aussi d'œufs & de laictage , il
fut premieremêt reduict a vne tresgrande foi-
blesse,& en apres tomba en vne certaine siebu-
re continue & traistresse:de laquelle finalement apres le septiesme mois il deuint tout
sec,tous lesquels offices de pieté il faisoit certes alaigrement & sans aucune hipocrisie de-
laquelle il estoit du tout esloigné.   Mais ne
vous enquerez point(treshonorez & trescele-
bres Seigneurs)de qu'elle constance & grandeur de courage il a enduré vne si longue maladie,d'autant que iusques a l'extremité il a
tellement persisté en sa constâce que luy mesmes se mocquoit par petits brocards de sa
mort:car s'efforçans les medecins de cognoi-
stre la source d'vne si perseuerâte & côtinuel-
le maladie,sçachez leur dit il,que mon mal ne
procede d'aillieurs sinon que ie suis venu plustost en ce monde , leur signifiant qu'il estoit
desia vieux.Et d'autant plus qu'il cognoissoit
sa mort prochaine d'autant plus constammêt
& ioyeusement l'attendoit il comme s'il eust
voulu recepuoir sa solde pour prendre congé
& s'en aller,& pour monstrer & faire cognoi-

ſtre a vn chaſcun combien il aymoit ce François Perrenot fils de ſon frere (auquel peut
eſtre il auoit ſemblé a quelq̃s vns, qu'il auoit
eſté plus rude & rigoureux) l'ayant faict venir
a ſoy il l'embraſſa d'vne pieté incredible, luy
diſant ces paroles mon fils (car autre ne m'es
tu point) qu'il y ait deſormais vne perpetuelle oubliance entre nous des choſes paſſees: car
s'il y a eu quelque offence d'vne part & d'autre, il faut pardóner a ta ieuneſſe & à l'amour
que ie te porte: Crains toy & deſormais hono
re toy toy-meſme & te chaſtie toymeſme. Au
quel l'autre reſpond, Pere (puis que pour fils
vous me tenez) ie n'ay reçeu aucune iniure n'y
offenſe de vous, mais au contraire ſi i'ay com-
mis quelque choſe plus licentieuſement que
ie ne debuois pardonnez le moy, ie mettray
peine que vos commandemens & admonitiós
ne cherront iamais de ma memoire. Et ſurce
plourans tous deux par vne ſimpathie s'em-
braſſerent l'vn l'autre ſans mot dire. O le braue combat de pieté! Cela faict Anthoine print
peine de ne donner que bien peu d'auantage
à la mort dót elle peut triompher de luy : par-
quoy ayant mis ordre a ſes affaires & ayant
faict ſon teſtament, il miſt toute ſon eſperan-
ce & toutes ſes penſees en Dieu: finalement ſa
conſcience eſtant deſia ſouuent nettoyee &
ayãt demandé pardó à tous ſes domeſtiques,
ſi parauenture il leur auoit eſté trop rigoureux, il ſe donna du tout a la ſacree & extreme
onction.

onction. Ce pendant le bruit trescertain de sa maladie & prochaine mort paruint iusques au Roy Philippes auquel au parauant, la maladie auoit esté celee & dissimulee, le Roy estãt esmeu d'vne si mauuaise nouuelle escriuit incontinent de l'Abbaye Royalle de S. Laurẽs, ou il s'estoit retiré, des lettres de sa propre main au malade, se plaignant de sa maladie & le consolant sur icelle, luy offrant par mesme moyen tout secours & tous bons offices, tant a la mort que à la vie, lesquelles le viellard mourant baisa, & apres les l'eust entierement & y feit treshumble responce, recommandant à la bonté du Roy les enfans de son frere & ses seruiteurs, du depuis il vescut trois iours estànt ordinairement en pieuses meditations, car il estoit tousiours assisté trauaillant à la mort de Frere Ioseph Angles Valentinois religieux de l'ordre sainct François, personnage tresexcellent en pieté & en doctrine, & parce esleu pour estre pourueu de l'Euesché de Bozanes: auquel comme au iuge & president de ce combat ce vaillant combattant donna vn braue tesmoignage, de sa penitence, de sa foy & de son esperance, estant ferme en tout sans hesiter ny vaciller en aucune chose, iusques a ce que doucement il s'endormit au Seigneur, le iour feste sainct Matthieu auant iour.   Laquelle mort n'a esté aussi sans presage, car l'on a prins garde qu'a semblable iour l'Empereur Charles cinquiesme estoit

C 3

decedé

PIIS MANIBVS
Cardinalis Granuellani,
EPICEDIVM.

Abstulit vna dies Pernotum funere terris,
  Nobilis & fælix cuius habetur honos:
Thætide Flammicomus deserta tristia Phœbus,
  Omina tanta tulit, vidit, & obstupuit.
Nunc sinit impexos extrema fronte capillos,
  Immemor ipsa suæ turba nouena thelis.
Vesper adest, sacro discedite fonte Camoenæ,
  Sol rapidis fatis occidit Hisperiæ.
Proh dolor! ô Lachesis crudelia sceptra, superstes
  Esse potest nullus, proh dolor! orta cadunt!
Relligionis honos, præclaræ laurea stirpis,
  Rara auiis in terris, nunc super astra lat.
Eheu cur fluido placuit iam tempore Diuis
  Nectere nunc vitæ stamina follicitæ.
O breuis! ô nimium præceps! & fragilis annus,
  Tam celeri properant siccine fata pede?
Viuere Nestoreos merito qui debuit annos
  Septuagenarius funera dira subit.
Cardinis instar erat Romanæ splendidus ædis
  At tamen atræ necis vincere iura nequit.
Romani luxere chori, luxere penates,
  Diue Philippe tui, luxit vterque Polus.
Italus huc celebrat Graius comitatus Athenis,
  Nomina clara canit sed sua Parthenopes.
Ardua dum scandit conuexi culmina cœli
  Lis oritur cuius sint pia busta soli.
Illustris meus est GRANVELLIVS (inquit) Iberus
  Sequanus ast reclamans asserit esse suum.

Germa

G
R
A
N
V
E
L
L
A
N
V
S

Germanus patrios extollens stirpis honores
    reddere vult Patrijs funera clara rogis.
Atropos his veniens litem truculenta diremit
    neutrius hoc vestrū sed meus (inquit) erit.
Virtus, fama, decus nunquā moritura supersunt
    excolit astra animus, terra cadauer habet.
Lucifero residet GRANVELLIVS vnus Olympo
    liber ab incertæ conditione viæ.
Ambrosia pascet, vescetur nectare diuo
    non animæ vt famæ terminus vllus eat.
Vrna breuis cineres, mentē polus arcet, at ingens
    stirpis & ingenij nu... ...dus habet.

DEPLORATION
DV TRESPAS DE L'IL-
LVSTRISSIME CARDINAL
de Grāuelle, Archeuefque de Befançõ
Prince du Sainct Empire.

Qve n'ay ie au lieu de voix vn efclatant tonnerre
   Qui efcroula les gons de cefte baffè terre,
Soub l'effroy de fon bruyt, deplorant le trefpas
D'vn Cardinal l'amour & l'honneur de Pallas.
Mais que ne font mes yeux changez en deux fontaines
Pour ruiffeler vn flot dè larmes par les plaines.
Ie ne fçaurois tarir l'ennuyt de mes douleurs
Sans me noyer moymefmes en vne mer de pleurs.
   Celuy qui ne deuoit efprouuer la fineffe
Du temps qui ronge tout, ny moins de la vieilleffe
Celuy las! qui deuoit commander au deftin,
  Va payer le tribut à Charon le mutin.
Charõ, qui ne paffa iamais dedans fa Barque.
Vn efprit moins fuiet au pouuoir de la Parque.
O Parque infidieufe eft ce ainfi que toufiours
Tu rauage noz biens, noz defirs, noz amours
  Que toufiours ton courroux indignement fe rue
Sur le fceptre auffi toft que deffus la charrue
  Qu'aueugle tu rauis foubs ta traiftre fureur
Vn grand Prince auffi toft qu'vn petit Laboureur.
Ce Prelat diapré d'vne troupe diuerfe
D'honneurs & de vertus au tombeau tu renuerfe,
Et ton gofier beant penfe qu'auec fes os
Il aye deuoré de fon renom le los,
Mais il t'abufe bien, car fa gloire emplumee
Vole par l'vniuers auec la renommee.
Ton effort quel qu'il foit par le droit Stygien
Ne fçauroit efclauer dans le mortel lien
Celuy qui pour cercueil tient tous les coings du monde
Et des cieux flambóyans l'architecture ronde.

D   Ce

Ce Phœnix Bourguignon, ce Cardinal l'amour
Et du Pape & du Roy du Prince & de la Cour,
Prélat de BESANÇON tout coronné de gloire,
Triomphe maintenant au temple de memoire.

    Si mon vers d'Helicon estoit plain des douceurs
Si i'estoy le mignon des Parnassides sœurs
Son seul nom seruiroit de suiet à ma plume,
Ie feroy de son los vn excellent volume:
Mais pour ne me monstrer vers luy ingrat, ie veux
Sa vie eternizer aux yeux de nos neueux.

    Alors qu'vn blond duuet commençait à s'estendre
La toison du mouton de ce grand Alexandre
Charles le grand honneur de l'estoc Austrien,
Et qu'il eut en ses mains l'oiseau Cesarien.

    Au temps que l'Ottoman armé d'arc & de rage
Feit boire ses Chameaux du Nil sur le rivage,
Quand iniuste Tyran il rauit a grand tort
Le lieu où Iesus Christ pour nous souffrit la mort,
Quand ce Mahometain violant l'Amphitrite
Estrangla d'vn licol le Monarque d'Egypte.
Au temps qu'on vit sortir les monstres rauisseurs
De l'infernalle grotte, attrapant les plus seurs,
Quand Megere, Alecton, d'vne estrange manie
Bourrelloit agitoit toute la Germanie
Par l'infame poison de cest, Islebien,
Le premier nourrisson du gouffre Erebien
Boutefeu, Apostat, sous sa fainte querelle,
L'vniuers allumant d'vne guerre immortelle.

    En ce temps l'Eternel commanda que les ans,
De ce grand Cardinal eussent cours à Ornans,
Là où premierement sa nouvelle paupiere
Regarda de Phebus la plaisante lumiere.

    Il n'auoit pas encor douze fois douze mois
Qu'vn desir de seruir la vertu & les Rois
Le faisant oublier soy-mesmes pour l'enuie
Qu'il auoit de reuiure encore apres sa vie.
Escholier studieux de l'Eloquent Arpin
Du grand Stagirien, du Grec & du Latin
De l'Enciclopedie, ayant la quinte essence

De

Des plus riches thresors de la sainĉte science.
Le Printemps de ses ans encor n'aparoissoit
Que ia l'Enthusiasme heureuse le pansoit
A grimper sur Athlas & d'vne seule gloire
Consacrer ses trophés, au Palais de memoire.
Il auoit ia planté ses dignes estandars
Au chœur Palladien des immortels soldars,
Du mont Pegasien, il estoit passé maistre
En tout ce qu'il falloit pour le faire apparoistre .

   Ce fut lors que fuyant & Hymn & Cypris
Il consacre au grand Dieu son cœur & ses esprits
Aussi pour son guerdon & son merite auecque
D'Arras il fut esleu le Venerable Euesque.
Mais las! quand il pensoit repaistre son troupeau
Du celeste aliment, c'est lors que le flambeau
De son Pere s'esteint, & que la Parque bleme
En frustra de Cæsar le sacré diademe, .
Son trespas retroubla tout son siecle troublé.
Le peuple le pleura a Auguste assemblé .

   L'Empereur cognoissant aux rayons de sa face
Comme il rebrossoit de son Pere la trace,
S'estimoit bien-heureux de gouuerner ses sens.
Au sacre-sainĉt accord de ses doĉtes accens
Il vit sa Maiesté de l'Vniuers prisee
Seruir au protestant de fable & de risee.
Comment vn vent courroussé pousse flots dessus flots
Le temps amoncela mile faix sur son dos
Il vit les temples sainĉts n'estre qu'vne voyerie,
Tout estoit desbordé, tout estoit en furie,
Qu'elle metamorphose, il faut pour son repos
Qu'vn Euesque a tout coup soit voisin d'Atropos
La fiffre & le tabour d'vn esclatant fanfare
Est sa belle Musique, vn heaume sa tiare,
Sa chappe vn courselet, sa crosse vn coutelas,
Son temple vn Pauillon, sans iamais estre las,
A poursuiure, à chasser la sotte outrecuidance
Du rebelle enuiant de Cesar la puissance,
Donnant la force au bras & le courage au cœur,

D 2

Son

Son conseil fit Cesar des vainqueurs le vainqueur.
    Desia son nom s'estend des piliers Herculides
Iusques au sainct enclos des termes Romulides
On le fait Cardinal, & si plus on eut sceu
Vn plus insigne honneur il l'eut encor reçeu.
Bon Dieu que de trauaux, soit que la belle lampe
Qui esclaire les cieux deans l'Occean se trampe
Ou soit que de Phlegon le desiré retour
Du clos Hesperien nous rameine le iour
Vn tournoyant Dedal de deuoirs necessaires
Luy commande veiller de Cesar aux affaires
L'Allemand Martial, l'audacieux Anglois
L'accostable Flamand, l'ingenieux François
Le noble Italien, l'Espagnol Catholique
Le Maure Bazane, les peuples d'Amerique,
Ceux qui sont esloignez plus loing dessous le Nort,
Ceux qui d'Vlisse sont plus separés du Port
Ont ouy retentir la louange immortelle
De ce grand Cardinal qu'on nommoit de GRANVELLE
Sur l'hyuer de son aage, alors qu'vn blanc frimas
Affoiblit le cerueau rongé les estomas
C'est lors que la vigueur de son ame plus forte
Du Tybre iusqu'au Tage entre les mers le porte,
Son Roy le veut auoir, ce Roy qui en sa main
Serre & lasche la bride à l'Espagnol humain.
Mais l'importune mort ialouse se despite
Que la Terre a celuy que l'Olympe merite
Elle le faict quitter & le Pape & le Roy
Et son cher Besançon & son superbe arroy
Ses tiltres, ses honneurs, ses palais, sa grandeur
Pour le ranger au ciel au pres de la splendeur
De l'astre enfante-iour ou d'vn sacré triomphe,
Du comble des vertus bien-heureux il triomphe.
    Cardinal de Phœbus l'asseuré truchement
Mon Prelat, de Pallas le plus beau ornement
Mon Prince de la Paix, l'Axil & la defence
Pour chanter vostre nom il faut vostre eloquence
Vous estes loing de nous heureusement tapis

De

De l'Olympe estoilé sur l'Eternel tapis.
Vous vous mocquez de nous qui fondus tous en larmes
Detestons de la mort les piteuses alarmes,
Vous separant de nous, deux brandons sont vox yeux :
Qui r'alument le iour & redorent les cieux,
Vous quitez le manteau pour auec le Prophete,
Monter dessus Athlas en l'ardente charrette :
Adieu Prelat, Adieu, & tousiours puissiez vous,
Comme quand vous viuiez fleschir le Ciel pour nous.

D 3   SONNET

SONNET.

En ce fiecle de fer paffant quatorze luftres
Vers l'ancien Cahos retournant l'vniuers,
I'ay veu Mars & Pluton ruer tout à l'enuers
Entourrez d'Apoftats, de traiftres & de ruftres.
    Au college facré des Cardinaux illuftres
Le Pape me rengea, & d'honneurs tous diuers
Charles l'amour des bons, & l'effroy des peruers
Me fit foubz fes rayons acquerir plus de luftres.
    Sõ fils le feul Phœnix des Princes, & des Roys,
Mettoit entre mes mains la maiefté des Loys,
De fon fceptre puiffant qui tant de peuples traite,
    Bourguignons, Indiens, François, & Allemãs,
Italiens, Anglois, Efpagnols, & Flamans
Ie quitte pour aller faire au Ciel ma retraite.

DVRATE

MEMORIAE

DISTICHVM
Chronicum.

CHRIsopoLIs praesVL GRAN-
VeLLIVs ore phILIppI

NESTOR, HONOS stIrpis, noMIne
CLarVs obIt.

TVMVLO.

Hoc tumulo magnus Granuellius ossa reponit,
Mens petit astra, colit nomen vterque Polus.
Sparge rosas, dulcem somnum nec rumpe viator,
Iam vigilent alij, sat vigil ille fuit.

POSTE-

POSTERITATI
ET
ILLVSTRISS. CARDINALI
Granuellano Archiepiscopo Chrisopolitano,
sacri imperij Principi, omni virtutum
genere cumulatißimo, fidei Catholicæ
acerrimo propugnatori, ob præclaras
animi dotes & eximia Reipu. Chri-
stian. præstita commoda clarißimo,
Cæsari Charißimo, Regi à Consilijs
fidelißimo, omnibus modis ma-
ximo, ysq̃ tantisper dũ orbis sta
bit superfuturo, mortalibus
sublato, immortalibus
reddito, die B. Matthæo
sacro anni reparatæ sa-
lutis. M.D.LXXXVI.
hoc perpetuum
monimentum.
⁎

Petrus Matthæus. I. V. D.
Sequanus. P. C.